Johannes Paul Bachmann

„alias Paul von Leiselheim"

Krimis

„im Sechserpack"

6 kurze Kriminalfälle aus Bad Kissingen

Impressum

Bibliographische Information der Deutschen Nationalbibliothek:
Die Deutsche Nationalbibliothek verzeichnet diese Publikation in
der Deutschen Nationalbibliografie: detaillierte bibliografische
Daten sind im Internet über http://dnb.dnb.de abrufbar.

Copyright 2022 Dr. Paul Bachmann alias „Paul von Leiselheim"

Illustration siehe letzte Buchseite

 Herstellung und Verlag: BoD - Books on Demand, Norderstedt

ISBN: 9783756884186

Vorwort :

Überall sind Krimis an der Tagesordnung, im Fernsehen, in der Literatur und in Büchern. Auch im wahren Leben spielen sie die Rolle. Im beschaulichen Bad Kissingen gibt es gibt es auch „Krimi Essen". Da wurde hochkarätig gespeist und teuer getrunken bei Kerzenlicht. Dabei saß der Mörder bereits unter dem Tisch oder daran. Tango wurde leider nicht getanzt! Hauptsache der Veranstalter kam auf seine Kosten, meist ein Gastronom, der das Geschäft „ausweiten" wollte. Bei mir, liebe Leser, ist es sicher preiswerter!

Warum aber Kurzkrimis? Bisweilen sind Krimis sehr lange geschrieben, 200-500 Seiten! Wenn der Leser nun anfängt, das Geschehen zu „Verinnerlichen", gelingt dies meist nicht an einem Abend oder bei einer Lesung. Er braucht einige Stunden! Erinnert er sich am nächsten Tag oder Tage später noch an die Handlung, besonders wenn viele Personen vorgeführt werden? Meist liest er bei Krimis das Ende bereits vorher. Natürlich bleibt alles Ihnen, lieber Leser, überlassen. Im Fernsehen ist es ähnlich, wenn Krimis mit einer Handlung über Folgen laufen. Hier wird wenigstens zu Beginn einer weiteren Folge der vorangegangene Teil kurz erzählt.

Inhalt Seite

1. Die Drahtschlinge

Ich lebe in Bad Kissingen in der Ruhe einer kleinen Kurstadt seit einigen Jahren. Ein neuer Mieter zog in die Wohnung unter mir ein. Er war solo, bisweilen seltsam, etwa 40 Jahre alt. Gehörte er vielleicht zu den Schwulen, was heute ja kein Makel mehr ist. Wir unterhielten uns oft im Treppenhaus, auch parkte sein alter PKW in der Tiefgarage. Als

Handlungsreisender war er oft in China und schloss dort Verträge für deutsche Firmen ab. Aber auch andere Länder besuchte er deswegen. Ich erfuhr von ihm etwas aus seiner Vergangenheit, als er nach einiger Zeit mich als Vertrauensperson sah, der man auch Geheimnisse mitteilen konnte. Er war einer der Geschäftsführer einer süddeutschen Metallwaren Fabrik, wurde aber entlassen. Er hieß Walter A. und hatte in Süddeutschland einen Bruder Jörg mit einer jugoslawischen Frau und zwei Kindern. Der Sohn sollte seine „Einmann" Firma, ein Makler Büro, einmal übernehmen. Walter hatte die attraktive Frau seines Bruders in die Metallfirma geholt, da dieser ihn darum gebeten hatte. Das Büro seines Bruders hatte Umsatzprobleme, so musste die Frau ein eigenes Einkommen haben. Damals hatten sie noch keine Kinder. Der Bruder war nicht mit männlichem Aussehen gesegnet, kleinwüchsig und fettleibig. Im Gegensatz dazu war Walter gutaussehend, ein echter Frauenschwarm und Weiberheld. Unglücklicher Weise fing er mit der attraktiven Jugoslawin ein Verhältnis an, das über Jahre andauerte. Sein Bruder ahnte nichts davon, dass seine Ehefrau mit Walter nach Paris und in andere Städte flog, wo die Metallwarenfirma Kunden hatte. Durch Zufall sah er seinen Bruder mit seiner Ehefrau in einem Lokal in Paris, wo er einen Makler Auftrag hatte, in einer unerhört „verfänglichen Situation" und stellte beide zur Rede. Er trat ihm beim Streiten dabei unbeherrscht massiv in die Hoden, wobei der so Verletzte in der Uniklinik Paris zwei Wochen behandelt wurde. Da in Frankreich öfters solche Zwischenfälle bei eifersüchtigen Liebschaften entstehen, war man spezialisiert auf derartige Operationen. Man setzte dem Opfer künstliche Hoden ein. Jedoch blieb der Patient auf immer impotent! Der Bruder erreichte nun die sofortige Entlassung seines eigenen Bruders aus der großen Metallwarenfabrik durch die anderen Geschäftsführer. So war es aus mit den vielen Geschäftsreisen des gutaussehenden Bruders, denn für ein angesehenes Unternehmen war Ehebruch untragbar. Die Frau blieb in der Firma, der Ehemann verzieh ihr. Sie hatte ihm vor dem Streit, der in Paris gipfelte, bereits 2

Kinder geschenkt, wobei zu vermuten war, es sind Kuckuckskinder. Diese waren bei der Großmutter untergebracht, die wahrscheinlich über das Fehlverhalten ihrer Tochter Bescheid wusste. Diese arbeitete weiter in einer Stellung als Abteilungsleiterin. Der böse Bruder musste nun tief in die Tasche greifen, da er die Lebensqualität von Walter in Paris vernichtet hatte. Weiter durfte er hohe Kosten für die OP und den doch nutzlosen Hoden Ersatz zahlen. Die Brüder wurden Feinde! Die Abteilungsleiterin hatte eine Freundin namens Elke, die als Fotografin arbeitete und einen reichen Mann suchte, dazu noch attraktiv. So kamen Walter und Elke zusammen. Dieser war nach seiner Genesung Handelsvertreter, besuchte oft China und Asien. Elke, die neue Freundin, bemerkte aber recht bald die Impotenz ihres Freundes und gab ihm den „Laufpass". Da sie jung war und gut aussah, hatte sie schnell andere Verehrer. Walter war jetzt die Stadt in Süddeutschland nicht mehr angenehm, da sich sein Makel recht schnell herumsprach bei den Frauen. Also auf nach Bad Kissingen, da gab es jede Menge weibliche Kurgäste, die solo oder verheiratet Abenteuer suchten. So ist er. dann in der Wohnung unter mir eingezogen mit großem Balkon zur Südseite. Er war, wie bereits berichtet, dann oft in China und anderen ostasiatischen Ländern. Er kaufte für seine neuen Geschäftskunden Waren ein, ließ sie nach Deutschland liefern und bezahlte oft verzögert oder gar nicht. Natürlich waren seine Handelspartner sauer. Walter, der Mieter unter mir, hatte mir dies alles in einer „schwachen Stunde" erzählt wie in einer Beichte, wahrscheinlich unter Alkohol Genuss.

Er redete aber nicht über die häufigen Besuche von Männern, dubiose Gestalten mit großen PKWs, die in seine Wohnung kamen. War er abgewandert in das „Schwulenmileu"? Dazu brauchte man keineswegs „echte Hoden"!

Das Haus, in dem wir wohnten, wurde renoviert. Dazu errichtete man Baugerüste, die mit Stahldrähten verankert waren, besonders an den Balkonseiten. Daher fand ich nichts Besonderes, als ich ein solches Seil an der Querstrebe unten bei mir am Balkongitter sah. Wahrscheinlich war es die Befestigung für das Gerüst. An einem Abend beobachtete ich erneut eine dubiose Gestalt an der Klingel der Wohnung von Walter von meinem Schlafzimmer aus. Am nächsten Morgen gegen 9 Uhr hörte ich im Hof unter den Balkonen Stimmengewirr. „Vielleicht lebt er noch"? Ich dachte, die Leute (Mitbewohner) meinten mich. So machte ich mich bemerkbar mit dem Ruf nach unten. „ Ja, der alte Holzmichel lebt hier noch!" Aber als man mich sah, deutete einer nach unten auf den Balkon. Ich erschauderte beim Blick nach unten. Da hing jemand mit einer Drahtschlinge um den Hals an dem Seil, das an meinem Balkongitter befestigt war. Es war der Mieter Walter unter mir! Nun kam die Kripo in den Hof und weitere Amtspersonen in Anzügen. Man begutachtete den Aufgehängten, machte Fotos von ihm. Dann hörte ich im Treppenhaus Lärm. Der Hausmeister, inzwischen her geordert, öffnete die Wohnung, Kripo und Amtspersonen betraten sie. Sie unterhielten sich leise auf dem Balkon unter meinem. Dann zuckten Blitze von Fotolampen auf. Der arme Mann wurde am Draht Seil abgeschnitten, man ließ es ihm aber um den Hals liegen, sicher wegen der Pathologie! Durch das andere Fenster zur Straße konnte ich einen Leichenwagen sehen, ein Metallsarg wurde hoch getragen. Dann kamen zwei in weiß vermummte Gestalten mit Metallkoffern, die Spurensicherung. Nach einiger Zeit wurde der Metallsarg, sichtlich schwerer, in den schwarzen Wagen geschoben. Ich dachte, mein Gott, Walter! Nun klingelte es bei mir an der Wohnung, die Kripo wollte zu mir. Sie fotografierten die Reste des Stahlseils an meinem Balkon und nahmen sie mit. Dann stellten sie mir einige Fragen über den Toten, seinen Beruf, sein Privatleben und verschwanden. In der Presse stand Folgendes: „Ein Mann, Mitte vierzig, wurde erhängt auf dem Balkon eines Mietshauses in Bad Kissingen aufgefunden. Ob Suizid vorliegt, ist derzeit offen. Man ermittele in alle Richtungen. In Verdacht stehen der Bruder, Geschäftsfreunde und andere Personen. Der Tote war nach Aussagen einer früheren Partnerin nicht fähig, eine Drahtschlinge in der Art zu bauen und zu befestigen. Man fand auch auf dem Balkon weder eine Leiter noch einen Stuhl, auf den der Mann steigen konnte, um den Suizid durchzuführen". Nach einer Woche nahm man wieder in der Presse Bezug zu diesem Fall: „ Der Erhängte auf dem Balkon in Bad Kissingen ist sehr wahrscheinlich Opfer eines Verbrechens geworden. Er wurde erstickt mit einer Drahtschlinge und anschließend aufgehängt, so die Pathologie. Die Schlinge war vorgefertigt und stammte aus China. Die Chinesen vollstrecken auf diese Art und Weise heute noch Todesurteile. Es wird Mord, Raubmord oder Affekthandlung vermutet. Seltsamerweise fand man im PKW des Ermordeten Aktenordner seines Geschäftes und Koffer und Gegenstände für eine Abreise. Ein Raubmord ist ebenfalls möglich, aber auf dem Konto des Toten befanden sich noch eine größere Geldsumme". Nach einer Woche erschienen bei mir der Bruder von Walter mit seiner Frau und schauten sich den Ort des schrecklichen Geschehens an. Dabei erfuhr ich, dass ein Schwuler festgenommen wurde aus dem Bekanntenkreis seines Bruders. Dieser habe ihn angeblich aus Eifersucht ermordet. Es war ein Chinese aus Peking, mit dem der Tote auch in geschäftlicher Beziehung stand.

2. Meine Großmutter

Die Totenruhe der alten Dame in Bad Kissingen ist eine dubiose Geschichte.

Meine Großmutter war gestorben, friedlich eingeschlafen zu Hause. Zu Hause, das war in Bad Kissingen. Sie verbrachte ihren Lebensabend in der idyllischen Kurstadt. Ich kam erst verspätet dort an, um von ihr Abschied zu nehmen vor der Beerdigung im Parkfriedhof. Oma Anna hatte ich viel zu verdanken. Sie vertrat meine Mutter in meiner frühen Jugend, die sich rührend um ihre Schwiegermutter kümmerte, und sie während ihrer Krankheit pflegte. Oma machte mit mir in der Grundschule die Hausaufgaben, im Gymnasium später war sie jedoch überfordert, genau wie meine Mutter. So musste ich mich alleine durch diese Schulzeit schlagen bis zum Abitur, sicher eine gute Erfahrung für mein späteres Studium an der Universität. Obwohl meine Oma eine knappe Rente bekam, erhielt ich immer Geld bis zu dem Zeitpunkt, da ich eigenes verdiente. Dann gab sie es der Kirche. Der Pfarrer war ein häufiger Gast bei ihr, bis meine Mutter dem Spuk ein Ende bereitete. Oma war ein sehr religiöser Mensch mit katholischem Glauben. Ihre Mutter war damals in hohem Alter in der Kirche während des Gottesdienstes verstorben. Dieses war auch ihr Wunsch, der leider nicht erfüllt wurde. Sie zwang mich förmlich dazu, auch im kirchlichen Leben mitzuwirken. So wurde ich Ministrant und hatte auch Freude an der Tätigkeit. Sehr oft war ich in dieser Eigenschaft auch bei Beerdigungen mit dabei und verdiente ein Taschengeld. Gerne hätte sie gesehen, dass ich Priester geworden wäre. Wir feierten während meiner Messdiener-Zeit sehr oft die Heilige Messe zu Hause. Ich war dann der Pfarrer, sie das Kirchenvolk. Wir spielten so den Gottesdienst wie im wahren Leben, beteten und sangen! Manchmal aber musste auch mein Opa „Stuntman" spielen, er verstand aber den Sinn des Tuns wegen seines hohen Alters nicht mehr. Ihm waren seine Hühner, genannt Mädchen, eindeutig lieber als unser „Firlefanz"! Ich besuchte später Oma sooft als möglich, wenn ich beruflich in der Nähe von Bad Kissingen war. Sie genoss ihr Alter in der Kurstadt und wollte nach dem Tod meiner Großvaters auch dort alleine leben, hatte sie doch viele Bekannte. Auch beauftragte sie einen Pflegedienst, der sie versorgte und alles erledigte. Nun starb sie dort in der Wohnung mit 105 Jahren.

Der Abschied fand in ihren eignen „vier Wänden" statt. Meine noch lebenden alten Eltern hatten nach der Benachrichtigung durch das Beerdigungsinstitut alles veranlasst. Sie wollten nochmals anreisen zur Beisetzung. Im Wohnzimmer stand der Eichensarg, geschlossen, wie es die Sitte war bei Bestattungen in unserer Familie. Eine alte Freundin von ihr hielt die Totenwache, in der zitternden Hand eine Tasse Kaffee.

„Du kommst ziemlich spät", schnauzte diese mich an. „Ich weiß es", war meine Antwort. Der Sarg war bedeckt mit einer weißen Decke, geklöppelt altdeutsch. Auch dies war damals Sitte. Auf dem Sarg mit der Decke ruhte ein schwerer Leuchter, die Flamme war erloschen, wie die der Großmutter. Dann stand noch eine Vase mit weißen Blumen. Aber auf dem Sargdeckel war über dem Kreuz ein kleiner Klappdeckel aus Holz, auch geschlossen. Neugierige und Angehörige hatten

Gelegenheit, den kleinen Deckel mit dem Scharnier zu öffnen und der Toten direkt ins Gesicht zu schauen. Man vermied so die doch umständliche Prozedur den ganzen Sargdeckel zu öffnen. Außerdem war es hygienischer, denn Leichen strömen doch einen Duft von Verfall aus nach einigen Tagen. Wir zündeten die Kerze an, es sollte ein feierlicher Abschied werden! Nun erschienen auch meine betagten Eltern. Leise klassische Musik und Weihrauch schwängerten das Totenzimmer.

Als Ministrant, beteiligt bei zahlreichen Beerdigungen, war der Sarg hier ein Novum. Eine derartige Konstruktion war mir neu. „Deine Oma wollte es so, als sie den Sarg schon vor ihrem Tod bestellte, sie soll sogar Probeliegen gemacht haben!" Sagte die Freundin.

Nun kam noch eine alte Zeitgenossin von Oma dazu, meine Tante Ilse. Die war bekannt als Schwätzerin und „Stocherin". Sie wissen nicht, was er zweite Begriff ist. Ich erkläre es kurz: Vor ihrem Eck-Haus waren auf der

Straße zwei „Dohlen", sogenannte Ablauf-
gefäße für Wasser auf der Straße. Im Winter
froren diese immer zu. Bei der Schnee-
schmelze stocherte Tante Ilse dann mit einem
großen Stab andächtig in den Abdeckungen
der Gullis, bis das Wasser abfließen konnte.
Das ganze sehr oft am Tage. Es schien ihr
Freude zu bereiten. Sie war ehemals Lehrerin
und unverheiratet. Als Kind bekam ich von
meiner Mutter eine Tracht Prügel, nachdem
ich über die Tante ein Gedicht verfasste und
es bei meinen Kameraden vortrug: „Ilse, Bilse,
keiner will se, Stocher Ilse, kam ein Koch und
nahm sie doch, machte Frikassee aus ihr.....".
Den weiteren Text ...... verschweige ich aus
Höflichkeit!

Tante Ilse brach beim Anblick des Sarges in
Geheule aus wie damals Klageweiber bei
Bestattungen. Die Arme ist in der Blüte ihrer
Jugend von uns gegangen. Gleich ver-
besserte sie den Text zu „in der Blüte des
Alters". Ein erneutes heftiges herzergrei-
fendes Schluchzen setzte ein. Tante Ilse,
sagte ich, Oma war schon 105 Jahre alt.

„Dennoch viel zu jung zum Sterben", schluchzte sie weiter. Auch der starke Kaffee hielt sie nicht auf, das Zittern und Wehklagen zu beenden.

Ihr Blick schweifte über den Leuchter und die Blumenvase bis zum Klappdeckel mit dem Kreuz darauf. „Was ist das für eine seltsame Sargkonstruktion", fragte Tante Ilse? „Es war Omas Wunschsarg", erklärte ich, das Probeliegen ließ ich weg.

Nun sind alte Jungfern neugierig. Ich will sie nochmals sehen, sagte sie. Ich räumte aus Vorsicht den Sarg ab, stellte die brennende Kerze auf einen seitlich stehenden Tisch und öffnete den Klapp-Deckel. Ich schaute in den Sarg. Meine alte Oma lag auf dem Hinterkopf mit dem Gesicht nach vorne auf dem Ruhekissen. Mager war sie im Gesicht geworden, die grauen Haare fielen wirr auf die bleiche Stirn. Lass mich auch schauen, rief Tante Ilse ungeduldig. Fast wäre sie auf den Sarg gestiegen. Durch den Klappdeckel passte in der Größe gerade ihr Kopf, den sie nun hineinsteckte, um der Toten nahe zu sein. Dann murmelte sie in den Sarg unverständliche Worte hinein, fast wie ein Hexenzauber. Als ihr Kopf wieder aus der Öffnung kam, befummelte sie mit den Händen das Gesicht und das Gewand der Toten. Dabei betete sie „inbrünstig" wie im Trance. Tante Ilse, rief ich, hast Du nie etwas von Leichengift gehört, wenn man Toten zu nahe kommt? Ich bin doch ihre Schwester, da schadet das Gift nicht. Vielleicht hatte sie ja auch Recht, denn ich hatte damals sie als „giftige Schwester" erlebt.

Nun schloss ich den Deckel über dem Sarg-Kreuz, stellte Vasen und Kerzenständer auf den Sarg. Die Flamme der Kerze brannte ohne Flackern, obwohl das Fenster weit offen war. Man ließ es damals nach dem Ableben einer Person offen, damit die Seele den Raum leichter verlassen konnte, wenn sie noch in im Körper wohnte.

Tante Ilse hatte gerade erneut eine Tasse Kaffee erhalten, als ein grässlicher Schrei uns hoch schreckte. Tante Ilses Tasse fiel auf den Boden, ein zweiter Schrei ertönte, als wenn jemand ermordet würde. Ein Windzug schlug den einen Fensterflügel zu. Er kam aus Richtung Sarg. „Ihre Seele ist zum Himmel gefahren", jubilierte Tante Ilse und bekreuzigte sich. Die Kerzenflamme war erloschen. Es gruselte uns allen. Ich dachte, meine Oma war vielleicht nur Scheintod und lebt noch im Sarg. Wir beschlossen nun, den Klappdeckel nochmals zu öffnen. Ich erschauderte, genau wie Tante Ilse. Der Kopf meiner alten Oma lag nun auf der linken Seite auf dem Ruhekissen! Ich suchte eine Erklärung. Tote sind ja wieder voll beweglich, wenn die Leichenstarre vorbei ist. Eindeutig war für uns alles, wir hatten uns nicht getäuscht. Meine Oma hatte zuerst den Kopf nicht der linken Seite liegen! Es soll ja auch Wunder geben! Zu Lebzeiten war meine Großmutter eine herzensgute Frau. Der Sarg wurde nach unserer Totenfeier abgeholt, ich ließ die Sargträger vorher nochmals durch die Klappe hineinschauen. Omas Kopf lag wie üblich bei Toten mit dem Gesicht nach oben. So wurde sie auch begraben! „Alle kamen zur

Beerdigung, nur nicht Oma, sie wurde getragen!"

3. Der Tiefkühlschrank

Lieber Leser dieser Krimi Geschichte, Sie werden sich wundern, welche Rolle wohl der Titel spielt? Ich verrate noch nichts. Es ist ein trauriger Krimi, der auch mir zu Herzen geht.

Ich lernte während des Studiums Jo kennen. Kollegen nannten ihn auch Josua oder Johannes. Er war aber kein Jude, sondern Deutscher. Er konnte fast mein Zwillingsbruder sein, hatte er doch die gleichen guten und auch schlechten Charakterzüge wie ich. Er hatte am gleichen Tag wie ich Geburtstag und stammte von

altem deutschem Adel ab. Den Adelstitel ver-
schwieg er meistens, nicht wie andere, die
betonen, sie seien adelig!

Nun folgt eine kurze Familiengeschichte von
ihm. Er heiratete früh seine große Liebe, die
gerade volljährig wurde während seines Stu-
diums. Die kannte er schon einige Jahre! Nach
einiger Zeit stellten sich 3 Kinder ein, und der
Familie ging es sehr gut dank der Eltern und
Schwiegereltern, die beide unterstützten. Die
Frau ging weiter arbeiten, die Kinder wurden
versorgt von den Eltern. 2 PKWs waren in der
Familie, man machte meist 2 Mal Urlaub im
Ausland in Spanien, Frankreich und Italien,
auch Österreich. Nach dem Studium mit Pro-
motion verdiente Jo in der Pharmaindustrie so
gut, dass sich die Familie auch ein Ferienhaus
im Odenwald zulegen konnte und weitere
PKWs für die Kinder. Dann kamen schwere
Schicksalsschläge. Jo verlor seine Arbeit, aber
nicht seinen Mut! Er studierte weiter Umwelt-
und Qualitätsmanagement und wurde Auditor.
Aber die Versprechungen des Sozi Kanzlers
Schröder blieben aus, hundert tausend neue
Arbeitsplätze für Qualifizierte im Umweltbe-

reich zu schaffen. Natürlich erinnert sich heute kein Sozi mehr an diese Versprechungen, wie alle Sozis eben. Auch der derzeitige Kanzler leidet unter Gedächtnisschwund. Ein Kanzler wurde später „Gasbaron" in Russland, und die Umweltgedanken verschwanden bei der Regierung und der folgenden. Russisches Gas ist ja so rein wie eine fromme Seele! Jo fand keine Stelle und jobbte vorerst mit 40 Jahren im sozialen Bereich. Dann fasste er wieder Fuß im Pharma Sektor und verdiente gut. Aber der nächste Schlag des Schicksals hatte bereits stattgefunden. Die Tochter verstarb angeblich durch Selbstmord, was nie genau bewiesen wurde. Erneut drohte Arbeitslosigkeit. Er musste daher den Großteil seines Besitzes vorsorglich an die Banken verscherbeln (2 Wohnhäuser), da die Zinsen für Darlehen fast 19% damals betrugen, und das Einkommen nicht dafür reichte. Aber es ging ihm finanziell noch gut, die Familie konnte 3 PKWs halten. Inzwischen hatte er noch ein Büro in der Nähe von Tübingen, die Frau wollte nicht mitziehen, sondern am Wohnort mit der restlichen Familie bleiben. Darauf bestand sie nach den langen Ehejahren! Jo war schon immer kein „Verächter" des weiblichen Geschlechtes, und so hatte er bald eine Freundin am neuen Wohnort. Nun kamen Streitereien mit der Frau und den Söhnen, diese ließ sich scheiden! Die Tragödie lief aber weiter. Die Freundin, Musiklehrerin, war psychisch krank, hatte mehrere Selbstmordversuche, und die reichen Eltern der Dame hielten sie auf Abstand. Auch war sie alkoholabhängig. So trennte er sich und fand bald eine neue Liebe. Er kam vom Regen in die Traufe, denn diese Frau, auch Lehrerin, war ebenfalls Alkoholikerin. Mein Gott, dachte er, sind denn alle alleinstehenden Lehrerinnen krank und dem Alkohol verfallen? Auch hier die Trennung bereits nach 4 Monaten. Doch er suchte und fand! Er hatte nun wieder eine neue Liebe, eine stabile Hauswirtschafterin, getrennt lebend mit Söhnen. Hier wollte er nun bleiben, aber deren Söhne sabotierten diese Beziehung, da sie zum früheren Mann hielten. Zudem war die Frau auch krankhaft eifersüchtig, und nach 7 Jahren warf er sie aus seiner Wohnung. Dann kam ein kurzes Intermezzo mit einer Augenärztin, die aber Sex 3 Mal täglich forderte und viele Reisen. Das war für ihn unerträglich, also wieder Trennung. Jo war dann auf der Suche erneut weiter nach einer echten Partnerschaft. Gibt es die überhaupt, so fragte er sich nach vielen Dates? Dann lernte er die Liebe seines Lebens kennen, die Traumfrau! Sie war leider eine arme Maus, Witwe mit einem ungeratenen Sohn, dessen wechselnde Partnerinnen Türkinnen waren. Zunächst war alles optimal, man fuhr in Urlaub, man unterstützte die Familie, Jo war spendabel. Die Traumfrau bekam sogar ein Auto, der Sohn ebenfalls, sie arbeitete in Jo´s Firma mit und war glücklich, wie sie jedenfalls angab. Doch nach 5 Jahren war der Traum aus, Jo´s Firma bekam wegen der Wirtschaftskrise keine Aufträge mehr als Beratungsunternehmen. Aber auch seine ehemals arme Maus versagte beruflich, ihr Liebes-Vulkan erlosch aus Geldmangel, denn er konnte ihr keins mehr geben. So war Jo sehr unglücklich, auch fehlte ihm die körperliche vulkanartige Liebe zu der einst so geliebten Traumfrau. Sie hatte dann noch einen Unfall, und ihre Körperströme versagten dadurch vollends, wie sie angab. Er vermutete etwas anderes dahinter, schwärmte sie doch von einem wesentlich jüngeren Masseur, der sie behandelte nach dem Unfall und einem Reifenhändler. Jo war aber nie eifersüchtig, sicher ein Fehler. Er hatte nun, auch ihr zuliebe, eine schöne Wohnung in der bayerischen Kurstadt Bad Kissingen gefunden. Aber die Dame zog es vor, bei ihrem geliebten Sohn in der Wohnung in Süddeutschland zu bleiben, nachdem dieser eine Türkin geschwängert hatte. So konnte sie die Geburt ihres eignen Fleisch und Blutes hautnah miterleben! Jo setzte dies sehr zu. Zwar fand er einige potentielle Nachfolgerinnen, aber nicht die Traumfrau. Durch Zufall begegnete er im Spielcasino einer hübschen Frau. Vielleicht würde die mit der Zeit auch die Traumfrau? Erzählt hat er mir nichts über diese Dame.

Nun hatte Jo nur noch mich, sozusagen als Double. Wir trafen uns oft. Wegen der Corona Krise legte er sich aber Vorräte an Essen an, falls die findige Regierung mit den Parteien CDU/CSU/SPD und Genossen noch vor ihrem jämmerlichen Ende vor den Wahlen Ausgehverbote verhängen sollte für den Teil des Volkes, das noch nicht „krepiert" war und sich schützte vor den Corona Impfungen.

Sein Tiefkühlschrank war daher zu klein geworden, da musste ein neuer her. Er nahm mich mit zum Kauf und schaute sich alle an mit Metermaß. Akribisch berechnete er den Inhalt und den künftigen Standplatz. Es war ein 610 Liter „nofrost" mit Schubladen und Fächern, die herausnehmbar waren. Der Schrank musste zu seiner schönen Küche passen. Er hatte Raumhöhe und musste in die Möbel eingebaut werden. Das schwere Geschoss ließ er anliefern und war nun sehr zufrieden, füllte ihn mit Lebensmitteln. Er hatte ein Schloss mit elektronischem Schüssel, denn Jo befürchtete, dass seine Putzfrau, die gelegentlich kam, naschte vom Inhalt. Auch konnte er bequem mit einem Handy entriegelt werden, dass die Temperatur anzeigte, wenn er unterwegs oder auf Reisen war.

Jo verkündete mir, er mache nun eine Weltreise im nächsten Frühjahr, die Pandemie ist dann vorbei. Es war dann soweit für die Reise. Jo hatte seinen PKW abgemeldet und war bereit für den Flug. Ich fuhr ihn nach Frankfurt zum Flughafen. Wir waren natürlich zu früh dort, und ich wollte nicht noch 2 Stunden warten. Er wollte das auch nicht, und so fuhr ich alleine zurück. Er gab mir die Wohnungsschlüssel für den Fall der Fälle!

Am übernächsten Tag meldete er sich mit Handy persönlich, angekommen in Singapur. Er wolle mir jetzt nur noch als sms schreiben. Rückkehr sei ca. in einem halben Jahr oder später. Nun kamen die sms aus Peking, Japan, Australien, dann aus Florida, Kanada, immer mit ca. 2-4 Wochen Abstand. Dann war Sendepause. Nach einem Monat wurde ich unruhig, informierte seine Familie, schaltete das Auswärtige Amt ein und diese die Interpol. War ein Verbrechen zu vermuten? Nach fast einem weiteren Jahr war er noch immer verschollen. Der früheren Familie war es gleichgültig. Vielleicht war er zurück und in der Wohnung dem Tod erlegen, war einer meiner Gedanken? Ich öffnete die Wohnung im Beisein der Polizei, er war nicht in der Wohnung, also doch verschollen! Die Miete wurde pünktlich von seinem Konto abgebucht. Da er mit seiner Familie in Unfrieden lebte, wie bekannt, informierte ich diese nach nochmals 1/2 Jahr Zeitverzug. Man machte sich aber keine Sorgen im Gegensatz zu mir. Ich hatte Vollmacht für das Bankkonto, seine Rente wurde überwiesen, für die Wohnung wurden die üblichen Beträge per Lastschrift abgebucht. Dann war in der Post ein Kündigungsschreiben. Der Vermieter, ein Geizhals, hatte mal wieder die Miete erhöht, und Jo hatte die Erhöhung nicht gezahlt. Ich informierte den alten Geizhals über die Situation und auch Jo´s letzte Freundin. Er hatte auf seinem Schreibtisch eine Verfügung hinterlassen für sie, daher konnte ich Kontakt aufnehmen. Die ursprüngliche Familie hatte er enterbt, da man sich nicht um ihn kümmerte. Die Freundin leitete dann ein Verfahren ein, der Verschollene wurde für Tod erklärt. So konnte die Wohnung geräumt werden, wobei ich als Zeuge gegenwärtig war sowie ein Amtsdiener. Die Freundin oder Partnerin hatte eine Entsorgungsfirma beauftragt, die Küche und die Möbel der Wohnung zu verkaufen. Der Erlös sollte einem wohltätigen Zweck dienen. Ich hatte den Tiefkühlschrank während seiner Abwesenheit nie geöffnet, denn ich fand keinen Schlüssel. Auch wusste ich, er geht nur mit dem Handy zu öffnen! Der „Entsorger" musste, um ihn auszubauen, den

Schloss-Code knacken. Er öffnete die Tür und schrie laut, "oh Gott, da sitzt ja einer drin". Es war Jo, gut gefroren in kauernder Stellung. Er sah erholt aus! Die Schubladen und Glasplatten waren heraus genommen, so war genügend Platz im Schrank. Daher also sein Wunsch nach den über 600 Litern und das Ausmessen vor Kauf. Ich wandte mich ab.

Beim letzten Wohnungsbesuch vor fast 2 Jahren hatte ich den Schrank nicht geöffnet, er zeigte noch jetzt ordnungsgemäß Minus 18 Grad an. Bei der Leiche fand die Kripo dann einen Abschiedsbrief, sehr zum Unwillen seiner Familie, die er aufs ärgste beschuldigte. Man (seine Familie) hatte ihm nach seinem Tod den Zugang zum Familiengrab verwehrt, wo auch seine geliebte Tochter beerdigt lag. Das teilte ihm seine Ex-Frau mit, als letzte Rache seiner Familie, der er zeitlebens ein angenehmes Leben ermöglicht hatte. Er war schwer herzleidend und hätte wahrscheinlich nicht mehr lange gelebt. Jo hatte mir dies alles verschwiegen, wie auch die Partnerin. Ihr hatte er die gleichen Mails wie mir geschickt. Als keine mehr kamen, dachte sie, Jo hat sich irgendwo in Amerika neu verliebt und bleibt.

So hat er dann den Selbstmord geplant im Tiefkühlschrank. Die Tür konnte er von innen nicht mehr öffnen, selbst wenn er sein Vorhaben ändern wollte. Diese Todesart ist angenehm, wie Experten berichten. Der Körper wird langsam unterkühlt, das Herz hört auf zu schlagen und der Exitus tritt ein. Seine e-mails hatte er mit dem PC vorher programmiert, die wurden dann zeitversetzt zu mir übertragen und zu der Freundin, wie ein Spezialist bei der Polizei feststellte. Er war nicht geflogen zur Weltreise, sondern mit der Bahn und dem Taxi am gleichen Tag in seine Wohnung zurückgekehrt um seinen Plan zu vollenden. Die leeren Schulbladen und Glasplatten des Tiefkühlschrankes lagen im Keller, so hatte er genügend Platz, um auf einem weichen Kissen im Schrank sitzend einzuschlafen. Die Familie war von ihm enterbt, als Erbe für sein noch vorhandenes Vermögen wurde der Obdachlosenverein eingesetzt. Der ganze Vorgang wurde von der Presse und den Behörden als makaber eingestuft. Jo fand dann seine letzte Ruhe in einem anonymen Grab, das er vorher ausgesucht hatte auf dem Parkfriedhof in Bad Kissingen. Die Partnerin bekam in der Verfügung die Vollmacht, die Familie sollte nicht bei der Beisetzung anwesend sein. Sie wurde erst später informiert. So fand mein Freund ein grausiges Ende. Undank ist der Welten Lohn, war mein Gedanke. Warum hatte man ihm seine letzte Ruhe im Familiengrab verwehrt?

4. Die verschwundene Kollegin

Ich arbeitete neu im Jahr 1985 in einer großen Pharmafirma mit amerikanischen Wurzeln. Wir waren zu einer Fortbildung im Sommer eingeladen. Am Bahnhof in Bad Kissingen trafen viele ein und liefen den kurzen Weg zum Seminar, genau wie ich. Es war das Novhotel direkt am Kurpark, inzwischen abgerissen. Die meisten Kollegen kannten sich, ich kannte niemanden. Hinter mir lief eine junge Frau, ich hörte es am Klappern ihrer Absätze. Ich erkannte am Gang, dass es eine „Junge" war. Ältere Frauen haben einen anderen Schritt! Es war üblich, dass die Frauen in hohen Stöckel Schuhen in die Firma kamen, und auch sich mit diesem Schuhwerk bewegten. Ich hielt kurz an, drehte mich um, und sie war dann nahe bei mir. "Nun, schon aus der Puste?" So war ihre Frage. "Ich wollte nicht vor Ihnen weglaufen" war meine Antwort." „Gehen Sie auch zum Seminar?" fragte sie und lächelte mich an. Ich nickte. "Dann können wir ja auch zusammen laufen, ich passe mich Ihrer Schrittgeschwindigkeit an". Wir kannten uns noch nicht, also eine kurze Vorstellung. Sie hieß Evelyn K. Sie hatte dunkelblonde lange Haare, war schlank und zeigte nette Gesichtszüge. Auch ihre Art war sehr offen, wie es bei bestimmten Damen im Außendienst üblich ist, denn danach werden sie von den Firmen eingestellt.

So liefen wir die gut 500 Meter zur Ausbildungsstätte im Hotel, und ich freute mich schon. Sicher würde sie bei der Tagung neben mir sitzen, denn sie kannte auch niemanden von den Kollegen. Sie war eine Neue wie ich ein Neuer. Vor dem Hotel standen jede Menge Mitarbeiter, einige rauchten, einige schnatterten, es war eine „Grüppchenbildung". Wir wurden nicht beachtet, warum auch, wir waren unbekannt. Nur bisweilen gingen gierige Blicke zu meiner Begleitung von den Männern, da diese schon etwas auffallend war wegen ihrer langen blonden Haare und langen Beine in den Stöckelschuhen. Dagegen bekam sie bisweilen auch bissige Blicke von den künftigen Kolleginnen zugesendet. So unterhielt ich mich mit Evelyn gut eine halbe Stunde im Freien, da sehr schönes Sommerwetter war. Ihre Kleidung war sommerlich, nicht aufreizend, eher unauffällig. Die Gruppenansammlung wurde größer durch Nachzügler, die immer auf den letzten Drücker ankamen. Dann störte ein Ordner die trauten Zusammenkünfte durch das in die „Hände Klatschen" mit den Worten, das Seminar beginnt, bitte gehen sie in den großen Saal. Meine Partnerin sagte nun, "bitte halten Sie mir einen Platz direkt neben Ihnen frei, ich gehe nochmals auf die Toilette. Vielleicht können wir auch in den Pausen dann zusammen sein, und uns weiter unterhalten, denn ich finde Sie nett". Dann verschwand sie. Ich war schon "high", denn welcher Mann hat nicht gerne eine hübsche Frau neben sich sitzen und auch stehen während der Seminarpausen, bewundert von seinen Artgenossen?

Im Saal waren ungefähr 200 Sitzplätze in Reihen, vorne ein Stehpult mit Mikrofon und seitlich rechts und links Monitore, die flimmerten. Es war eine amerikanische Firma, heute nicht mehr in Deutschland ansässig. Ich ergatterte ziemlich weit vorne 2 Plätze. Nach einiger Zeit erschien ein hochrangiger Firmenboss, stellte sich als Manfred K. vor und begrüßte die Teilnehmer. Er war von kleiner Statur, ca. nur 1,50 m groß. Es war mein künftiger Chef, der mich auch eingestellt hatte. Ich war 1,80 m, der Leser kann sich vorstellen, welches Aufsehen wir später bei gemeinsamen Auftritten hatten. Um seine Größe noch zu erhöhen trug er Spezialschuhe mit wenigstens 5 cm Einlagen, so erfuhr ich durch meine Sekretärin irgendwann. Danach kam der Personalchef zu Worte mit einer kurzen Rede. Er stellte vorab zwei neue Mitarbeiter im Unternehmen vor mit ihren Tätigkeiten, Frau Evelyn K. und mich Dr. Paul von Leiselheim. Er bat zunächst Evelyn K. aufzustehen aus der Menge, damit sie jeder sehen könne. Dann gestand er auch verwundert, sie ist nicht anwesend. Nun kam ich an die Reihe, er nannte meine Position in der Firma. Ich stand auf, dreht mich um, und alle im Saale klatschen mir zu. Dann kam ein Produktmanager an die Reihe und stellte die neuen Produkte aus der „Pipeline vor". Ich hörte kaum zu und dachte an Evelyn. Sie sollte die Stelle Public Relations in der Firma besetzen, daher hatte man sie mit einer gewissen Attraktivität aus einer Vielzahl von Bewerberinnen gewählt. Sicher hatte sie aber noch andere Voraussetzungen für diese Aufgabe. Sie sollte bisweilen mit mir zusammen arbeiten, da ich für die Prüfungen neuer Präparate zuständig war. Ich konnte kaum die erste Pause erwarten und ging zum Personalchef im Saale, der neben meinem künftigen Chef stand. Er kannte mich aus dem Bewerbungsgespräch. Wir begrüßten uns. Ich fragte ihn nach Evelyn K. Er erkundigte sich, "kennen Sie die Frau?" Ich erzählte von meiner Begegnung vorher und musste ihr Aussehen beschreiben. Es war tatsächlich die Frau, die auch im Unternehmen arbeiten sollte. Sie war also angereist, wo war sie aber? Ich sagte, man solle bei der Rezeption fragen und in den Toiletten nachsehen, sie wollte dorthin. Vielleicht ist ihr unwohl geworden. Eine entsprechende Dame ging dann zu den Toiletten, nachdem bei der Rezeption nichts Weiteres bekannt war. Nach einigen Minuten kam diese Frau total verstört und aufgeregt zurück, um zu berichten: In einer Toilette liegt eine Frau am Boden mit einem Messer im Bauch, erstochen, überall Blut.

Nun kam die Polizei, die Mordkommission, und tat ihren Dienst. Die Seminarpause war gerade zu Ende, ein neuer Vortrag fand statt. Vom Geschehen wurde nichts erwähnt. In der folgenden Pause kam die Kripo auf mich zu und verhörte mich kurz, da ich der einzige war, der mit ihr zusammen war. Ich schilderte mein Zusammentreffen mit Evelyn wahrheitsgemäß, die Beamten glaubten es aber nicht. Ich stand unter Tatverdacht. So konnte ich das Seminarende nicht mehr erleben, sondern verbrachte die Nacht in dem Untersuchungsgefängnis in Schweinfurt. Dann wieder die zahlreichen Verhöre am nächsten Tag. Ein Oberkommissar K., höchst unfreundlich, vernahm mich. Auch eine DNA Probe wurde mir entnommen. Schließlich wurde klar, dass alle 200 Teilnehmer und Gäste des Hotels die Tat begehen konnten. So lag bei der Kripo viel Arbeit vor, und man ließ mich frei. Allen Teilnehmern wurden Abstriche entnommen zur DNA-Prüfung. Sie mussten zum Teil unfreiwillig noch einen Tag länger bleiben. Ich konnte meine Arbeit in der Firma aufnehmen, war außer Verdacht. Inzwischen hatte sich der Mord an der jungen Frau herum gesprochen. Und sicher auch die Tatsache, dass ich mit ihr zusammen war! Besonders die Damen machten um meine Person einen Bogen. Meine Sekretärin lehnte es ab, alleine mit mir im Bürozimmer zu sein, sie deponierte meine Post in einem Fach und telefonierte mit mir von ihrem Platz im Großraumbüro. Sie hatte Vorbehalte gegen meine Person.

Man hatte von der Ermordeten eine DNA Probe genommen und jeder der Seminarteilnehmer, Hotelangestellten und Gäste musste sich einem Test unterziehen, auch die Chefs. Meine Probe erwies sich als negativ. Ich als Beteiligter des Geschehens nahm nun privat mit der Familie des Opfers Kontakt in München auf. Da war unsere Firmenzentrale. Evelyn war alleinerziehende Mutter. Sie hatte einen Freund bei der amerikanischen Muttergesellschaft des in Deutschland ansässigen Pharmaunternehmens aus Kalifornien. Sie lebte mit der Tochter dort und deren Vater, einem dunkelhäutigen Amerikaner. Sie erfuhr von der Stelle bei der Tochtergesellschaft in Deutschland, bewarb sich dort und wurde genommen mit „sogenanntem Handkuss". Der Kripo war das mit einem Freund zu Anfang nicht aufgefallen, und man wollte meinen Vermutungen nicht nachgehen. Dieser war nicht in Verdacht, er war ja in Amerika. Doch die Familie drängte nun als Betroffene auf weitere Untersuchungen. So machte man von dem Freund notgedrungen dort eine DNA. Ergebnis war zu 99 % Übereinstimmung. Natürlich leugnete er zunächst alles. Seine Partnerin sei vor gut 2 Wochen nach Deutschland gegangen um dort zu arbeiten und wohnte bei den Eltern mit der Tochter in München. Vorher war er noch mit ihr zusammen, daher das positive DNA Ergebnis, führte er zu seiner Entlastung an. Jedoch waren die DNA Spuren am Messer, das man fand frisch, und die gleichen, stellten deutsche Kriminaltechniker bei ihm fest. Dann hatte er einen Flug von Kalifornien nach München gebucht und war auch im Flugzeug laut Bordliste von American-Airways, wo er gegen 6 Uhr am Morgen in Deutschland in München ankam. Er benutzte anschließend den Zug nach Bad Kissingen. Er wusste das Tagungshotel dort und lauerte ihr auf. Er sah Evelyn und mich dann solo in dem angeregten Gespräch vor dem Hotel innerhalb der Gruppen. Er vermutete einen neuen Freund von ihr in mir, wegen dem sie die Stelle in Deutschland angenommen habe. Auf dem Gang zur Toilette muss er sie verfolgt haben. Aus Rache und Eifersucht hat er sie erstochen. Er war ein Farbiger, gebildet und in gehobener Position. Sofort nach der Tat ist er am gleichen Tag zurück mit einem nachträglich gebuchten Flug nach Kalifornien geflogen. Dies konnte man auch nachweisen. Ursprünglich wollte er einige Tage bei ihr bleiben in München und dann später wieder zurück fliegen. Er wollte sie umstimmen, wieder in Kalifornien in der Muttergesellschaft zu arbeiten. Er liebte sie sehr, wie meist bekannt ist von Farbigen mit weißen Frauen. Warum wollte sie unbedingt nach Deutschland ohne ihn? Stimmte hier in der Beziehung einiges nicht oder nicht mehr? Aber hier in Bad Kissingen sah er den Beweis für seine Vermutung bestätigt und handelte im Affekt. Vorher hatte er sie noch zur Rede gestellt. Diese Beziehungstat hatte Evelyn getroffen. Wenn ich zur Toilette vorher gemusst hätte oder wir beide hätten das gleiche Bedürfnis gehabt? Was wäre dann vermutlich geschehen?

5. Der fliegende Turmfalkner

Die Johanniskirche in Bad Kissingen hat einen fast 50 Meter hohen Turm, in dem sich Turmfalken zu Hause fühlen. Sie können dort unbehelligt ihre Brut aufziehen. Zunächst war es nur ein Paar. Das änderte sich nach dem Zuzug eines Neubürgers, der die schöne Kurstadt als Alterswohnsitz sich wählte. Vorher war er in der „wohlhabenden" Pharmaindustrie in einer Führungsposition tätig. Ich kannte ihn, denn ich war in einer anderen Firma auch in diesem Bereich beschäftigt. Er lebte alleine, die Frau war gestorben, und sein Sohn hatte fast kaum Kontakt mit ihm. Die frühere Führungspersönlichkeit suchte nun noch im Alter eine sinnvolle Aufgabe als Alternative. Die Falknerei war früher schon sein Hobby. Jede freie Minute tummelte er sich auf Plätzen, wo Falkner ihre Tiere vorführten. Er war wohlbekannt in dieser Szene, liebte diese Vögel und verglich sich mit ihnen. Sein Aussehen war aber klein und mickrig. Zur Erhöhung seiner Gestalt trug er in den Schuhen verdeckte Einlagen, die ihn größer machten. Seine Gesichtszüge waren schmal mit stechenden Augen und einer Hakennase. Er glich so einem Falken. In der Firma hatte er aber den Spitznamen „Hänfling", ein unbedeutender Vogel, der nun gar nicht zu einem Falken passte. Solche Hänflinge sind auch Beute für die Falken, die sie sich im Sturzflug ergattern. Mitarbeiter, die ich bisweilen traf, berichteten mir von seinen Eigenarten, besonders als er älter wurde. Er selbst bildete sich ein, ein Falke zu sein, obwohl er wie ein armseliger Hänfling aussah. Beispiele gibt es genügend auch von anderen Personen, die multiple Persönlichkeiten sind. Sie bilden sich in einer Phase der Schizophrenie ein, eine andere Person zu sein und handeln dementsprechend.

So beobachtete dieser Herr lange die Mitarbeiter, die er loswerden wollte. Es waren davon einige. Der Mitarbeiter wähnte sich lange in Sicherheit bis sich urplötzlich der Vorgesetzte wie ein Falke auf ihn stürzte. Der Verdutzte gab ohne Umschweife dann sein mögliches Fehlverhalten zu und verließ meist von selbst die Firma. Oder es wurde nachgeholfen durch weitere Beschuldigungen, die nicht vorhanden waren. Dabei halfen ihm seine „Falken Verbündete", die er von anderen Firmen abgeworben hatte, um seine Existenz zu sichern. Es war schon ein hinterhältiges Spiel, das unter den Augen der Geschäftsleitung betrieben wurde. Es war aber üblich und ist es noch heute für die Pharma-Branche, für die Umsatz und Verkauf an erster Stelle stehen. Dieser Hänfling hatte in der Firma keinen guten Ruf nach den Berichten der Mitarbeiter.

Als Falkner in der Johanniskirche in Bad Kissingen wurde er dagegen geschätzt und von der Presse gelobt. Er konnte hier seine Stärken und Schwächen voll einbringen, und man vertraute ihm. Er brachte liebevoll Frisch-fleisch Futter für die kleinen Falken Babys, als wären es seine eigenen Kinder. Er scheute keine Anstrengung, mehrmals am Tage die über 200 Stufen zum Turm trotz seines Alters hoch zu steigen und schaute wohlwollend den Flugversuchen seiner „Kinder" zu. Gerne wäre er mit geflogen in solchen Momenten. Dieser Wunsch wurde im später auch erfüllt, er ahnte zu diesem Zeitpunkt noch nichts. Aber er war auch ein grausamer Herrscher unter dem Fal-ken Volk, genau wie in seiner früheren Firma. Inzwischen waren mehrere Falken Paare in den Horst eingezogen. Jungvögel, die in der Entwicklung zurück geblieben waren, warf er aus dem Nest hinunter auf die Straße, wo sie zu Tode kamen, oder er verarbeitete sie als Futter für die anderen.

Sein Schicksal war bereits besiegelt. Eine ver-mummte Person wurde beobachtet, wie sie das Schloss des Turmes knackte. Sie lauerte dem Falkner oben auf. Dieser schaute aus dem Turmfenster dem Flug seiner Vögel zu. Der oder die Vermummte nahm die Maske ab, sie war später zu finden oben. Die Person muss sich dann auch dem Falkner zu erken-nen gegeben haben, denn die Kripo stellte bei dem Opfer Kampfspuren fest. Dann verhalf die unbekannte Person dem Falkner zum Fliegen, indem sie ihn aus dem Turmfenster warf. Das Opfer schlug unten auf das Pflaster und war tot, genau wie die Vögel, die er einst so beseitigt hatte. Der Täter oder die Täterin verschwand dann spurlos ehe die Polizei eintraf. Ein Passant erinnerte sich, jemanden beim Opfer gesehen zu haben, und dessen grimassenhaft verzerrtes Gesicht betrachtet zu haben mit einem spöttischen Blick. Ein Selbstmord wurde ausgeschlossen. Die Polizei fand oben im Turm einen Zettel mit aufgeklebten Buchstaben: „Fahr zur Hölle, Menschenschinder". Die Kripo vermutete einen Racheakt eines früheren Mitarbeiters. In der Firma wurden derzeitige und entlassene Mitarbeiter genau „unter die Lupe genommen". Es gab keinen Verdacht. Der Täter musste sehr geschickt vorgegangen sein. Privat hatte der Falkner aber eine hohe Lebensversicherung abgeschlossen und Reichtum angehäuft. Sollte hier ein Erbe „mit im Spiel" sein? Die Nachforschungen verliefen ins Leere!

6. Lebendig begraben

Ich wohnte in der kleinen bayrischen Kurstadt Bad Kissingen nach einem erfüllten Arbeitsleben und spazierte, wie schon so oft, durch deren Kurpark an einem Frühsommertag.

„Hallo, Paul", rief eine grelle Stimme hinter mir, und ich war geneigt mich umzudrehen, wollte ich doch die Herkunft dieser Stimme orten, die Unruhe um die Mittagszeit an diesen beschaulichen Platz brachte. Ich entschied anders. Ich drehte mich nicht um, denn Männer mit dem Namen Paul gab es ja genügend. Warum sollte ich jetzt dieser Gerufene sein und setzte meinen Weg fort. Außerdem kannte ich niemanden hier und wollte nur gerufen werden von Frauen mit sanften Stimmen. „Jetzt lauf doch nicht fort", rief die grelle Stimme, „ich habe Dich erkannt, Du bist der Paul... der Doktor". Meine Schritte hielten nun an, und ich musste mich nun umdrehen, wohl oder übel.

Ich sah eine Frau so in meinem Alter 68, etwas pummelig, klein, dunkel schwarze Haare, gefärbt, stellte ich mit Kennerblick fest. In dem Alter hat man kein schwarzes Haar mehr. Das Aufregendste aber waren ihre schwarzen Schuhe, bestimmt 12 cm Absatz, bemerkte ich spontan, High Heels im Kurpark, die aber ihre Laufgeschwindigkeit stark einschränkten. Sie wirkte aber dadurch größer als sie eigentlich war. Das Bild von einer trippelnden Senioren Fußballerin im Frauenfußball kam mir sofort vor die Augen. An einer langen Leine trippelte ein kleines weißes Hündchen mit, das keine Mühe hatte, der Herrin zu folgen, es war mit ihr verglichen sehr agil. Die Frau hatte ein weißes Sommerkleid an und einen schwarzen Hut. Die Erscheinung war also schwarz weiß schwarz und behängt mit viel Schmuck, was eigentlich der Erscheinung schadete. Der Vergleich mit einer Truthahn Henne kam mir gleich, besonders weil die Wangen wegen der Schwerkraft schon etwas weit nach unten hingen. Das Hündchen dagegen war schmucklos, hübsch und folgte willig seinem Frauchen.

Wer war aber diese Frau? Senil war ich noch nicht, wenigstens bildete ich mir dies ein, obgleich ich wusste, dass das Senile ja zum Alter gehörte wie eine schöne Figur zu der Jugend. Mein Gehirn begann zu rotieren, ich kannte diese Dame nicht, war aber innerlich stolz. Denn wenn sie mich tatsächlich kannte, hatte ich mich doch nicht so stark verändert. Wir kamen uns näher, auf dem Weg umsäumt mit schönen Blumen, aber nur örtlich. Ich bin die Jutta aus A.., sagte sie mit einem Augenaufschlag, als wolle sie mich betören. Schlagartig kam mein Bewusstsein wieder und die Erinnerung an diese Jutta, die mich sofort erkannte und ich sie nicht, und der Stolz eines alten Jünglings flammte wieder auf.

„Ja Jutta, gut 20 Jahre sind es her, und Du hast mich sofort erkannt, wie geht es Dir, komm, wir gegen ins Kurcafe und plaudern", sagte ich nach heftigem Händeschütteln. Für einen Wangenkuss konnte ich mich nicht entscheiden, so sehr war der Truthahn-Gedanke noch bei mir. Willig ging Jutta mit, und willig auch das kleine weiße Hündchen. An einem ruhigen Platz im Schatten des Cafes bestellte ich einen Gespritzten und Jutta einen „Rüdesheimer Kaffee" und ein Stück Sahnetorte, das Hündchen ging leer aus.

Jutta erzählte nun ihre Lebensstory Teil 2, den Teil 1 hatte ich ja damals mitbekommen. Nach langem Kampf und Krampf hatte sie den alten Doktor der Medizin, der fast 25 Jahre älter war als sie, den Töchtern abgejagt und geheiratet. Er ergab sich auch willig seinem Schicksal ohne Anzukämpfen, denn sie umsorgte ihn als liebevolle Gattin, wie sie mir versicherte. Er konnte aber nur kurz das schöne Leben mit ihr genießen, sagte sie. Dabei rollte das Hündchen seine Augen, als ich es ansah, um gewissermaßen eine Bestätigung von ihm zu erhalten. Natürlich hatte sie auch das Erbe angetreten trotz seiner beiden Töchter, und es ging ihr nun entsprechend gut im Unterschied zu Cleo, auch ein Teil seines Nachlasses. Cleo war das weiße kleine Hündchen. Dieses weiße Mädchen liebte er über alles, fast mehr als seine Frau, ließ Jutta durchblicken. „Manchmal sind Tiere die besseren Kameraden", sagte ich, und erntete von Jutta einen bösen Blick, und das Hündchen rollte wohlwollend seine Augen, als ob es das verstand. „Paul, wir werden alle älter, Menschen und Tiere. Manchmal ist es eine Qual, dann ist es besser, man bleibt alleine für den Rest des Lebens oder man beendet es. Cleo ist auch sehr krank und belastend für mich. Dann sollte es besser von dieser Welt gehen". Das Hündchen sah mich verständnislos an. Ich streichelte es sanft, es leckte meinen Handrücken, und ich wollte es auf meinen Schoß nehmen. „Lass es Paul, bei Cleo ist es wie bei alten Menschen, Du könntest nass werden". Also beließ ich es beim Streicheln von Cleo auf dem Boden. „Ich glaube, Paul, die Zeit ist jetzt gekommen, Dich hat der Himmel geschickt, denn ich habe gestern schon Vorbereitungen getroffen. Ich bin froh, wenn Du mir hilfst"! Jutta war plötzlich in hektischer Eile, wir zahlten, und noch eiliger gingen wir in den südlichen Teil des Kurgartens, wo es etwas ruhiger war. Sie ging zu einem Rosenbusch im Heckenrosengarten, dahinter stand ein großer Spaten, etwas versteckt. Den habe ich gestern den Gärtnern entwendet, sagte sie hämisch. „So Paul, nimm den Spaten, dann grabe bitte ein Loch, ca. ½ m lang, ½ m breit und ½ m tief. Dann bringen wir es hinter uns". Verwirrt schaute ich Jutta an. Was sollte ich mit dem Spaten, doch nicht etwa sie totschlagen und zerstückeln? „Nein Jutta", sagte ich, „das kann ich nicht, wenn Du unbedingt sterben willst, dann musst Du es anders machen, es gibt die Schweiz und Sterbehilfe, und Du hast das Geld dafür".

Jutta schaute mich sehr verdutzt an und sagte, „doch nicht ich Paul, sondern die kranke Cleo und den Spaten brauchst Du nur zum Graben, alles andere erledige ich". Inzwischen schauten Kurgäste uns zu, und das Hündchen begann auch verstört zu winseln, am liebsten hätte ich mit gewinselt. Wir hatten nun alle 3 Angst, und wie man sagt die Hosen voll. „Los Paul, suchen wir einen anderen Ort". Unwillig ging ich mit. Sie sagte, Cleo wird nichts spüren, ich habe alles im Griff. Tiere sind eine Ware. Wir kamen nun nach langer Wegstrekke zu einem alten Kloster, einsam gelegen, in dem früher Nonnen lebten und auch starben.

Es war in dem Ortsteil Hausen, wo die Klosterkirche steht. Leben und Tod liegen immer nahe zusammen. Ich hatte den Spaten geschultert wie ein Friedhofs-Gärtner und fühlte mich einen Augenblick auch so. Cleo trippelte nun etwas langsamer als ihre Herrin, die sie an der Leine nachzog.

Im Klostergarten, abgetrennt von einem Kräutergarten, war ein saftig grüner Rasen. Darauf lag eine ausgebreitete rote Decke, Kinderspielzeug lag überall herum. Das Kloster wurde, nachdem die letzte Nonne gestorben war, umgebaut für Wohnungen, so meine Erinnerung. „Wir können hier unter der Decke Cleo im Boden unter dem Gras begraben", sagte Jutta, „dann sieht man nicht die Spuren. Du musst die Grasnarbe vorsichtig entfernen und danach wieder auflegen". Das tat ich auch, aber kam mir vor wie ein Mörder. Schnell zog sie eine gefaltete bemalte Pappschachtel aus der Tasche heraus, darin war eine aufgezogene Spritze. Sie stach sie in Cleos Hals. „Die habe ich vom Tierarzt bekommen, es ist eine starke Beruhigungs-Spritze, ein Barbiturat. Die setzt der Tierarzt auch zum Einschläfern ein", flüsterte sie, und schubste Cleo in den Karton hinein. Es war eine Augenblickshandlung, weder ich noch Cleo hatten mit dieser Schnelligkeit gerechnet. Cleo blickte mich noch fragend mit großen Augen an bevor sie diese schloss. Jutta drückte das Hündchen in die Schachtel, Deckel drauf und verschnürte sie. Ich konnte noch nicht mal sagen „lass das, Du bringst Cleo um". Es gab wegen der Schnelle der Handlung keine Diskussion. „Es ist mein Hund", sagte Jutta nochmals, „Tiere sind Sachen und Cleo ist schwer krank, kränker als ich". Sie war wie eine Hetäre.

Ich wollte gerade die Decke auf dem Rasen ganz zurückschlagen, um das Grab weiter zu schaufeln, da kam jetzt eine lärmende Kinderschar aus dem Haus. Schnell legte ich die Decke wieder auf. Ich dachte, Gott sei Dank, sie spielen jetzt hier und das Drama mit dem Begraben ist zu Ende. Wir verdrückten uns in eine Ecke bevor uns die Kinder bemerkten. Leider spielten die Kinder nicht, sondern verschwanden Richtung Saale. „Los jetzt Paul, schaufele", befahl Jutta! Ich gehorchte wie ein Sklave, denn ihr Blick war eiskalt, fast hysterisch. Ich konnte mir vorstellen, dass Mütter, die ihre Kinder umbringen, solchen Blick haben. Ich war aber auch wie gelähmt, mich dem Vorhaben von Jutta zu widersetzen. Also schlug ich die Decke zurück und grub dieses abscheuliche Loch weiter. Im Pappkasten, in dem Cleo lag, rührte sich nichts. Vielleicht hatte sie einen Herzschlag bekommen und war tatsächlich schwer krank, oder sie fügte sich ihrem Schicksal genau wie ich jetzt mich fügte.

Hatte Cleo´s Herrchen ein ähnliches Schicksal gehabt?

Plötzlich stieß der Spaten auf etwas Festes, es war Holz, ein Holzdeckel. Ich rief „Jutta, schau mal". Sie beugte sich darüber und sagte, „öffne den Deckel". Ich dachte nun an einen versteckten Schatz und sah mich schon reich, keinesfalls würde ich den mit ihr teilen, denn sie war reich genug. Ich öffnete mit dem Spaten den Deckel und erschauderte. In der Kiste lag eine Gestalt, der Größe nach eine große Puppe oder ein kleines Kind. Es musste nach genauerem Hinschauen ein menschliches Wesen sein, denn unter dem bunten Röckchen lagen ausgestreckt die fleischlosen Beinknochen, das Gesichtchen war fast gut erhalten mit edlen Zügen wie Wachs. Auf dem Köpfchen war eine rote Tiroler-Mütze. Ich erschauderte erneut. Jutta dagegen war abgebrüht wie ein Leichen-Bestatter. „Los, ab mit Cleo in die Kiste", sagte sie, und versenkte den Pappkarton in die viel zu große Holzkiste mit dem Mädchen. Ich schob den Deckel darauf, und begann eilig diese Stätte des Grauens zu zuschaufeln. Ein dumpfer Schlag hinter mir ließ mich zurückschauen, Jutta war umgefallen. Diese so gefühllose Frau fiel einfach um, oder war in ihr doch eine Spur von Sensibilität? Ich legte die Grasnarbe wieder auf, dann die Decke, dann zog ich Jutta auf die Decke. Gerade wollte ich nach ihr weiter schauen, da ging auch noch die Haustür des Anwesens auf, und ein sehr alter Mann kam erstaunt auf mich zu mit einem verwirrten, nach Erklärung suchenden Blick auf die am Boden liegende Frau. Ich sagte, rufen Sie schnell den Krankenwagen, ich sah diese Frau, die ich nicht kenne, in dem Garten hier im Vorbeigehen umfallen und habe sie auf die Decke gezogen. „Ist sie tot", fragte der Mann, „ich weiß nicht", antwortete ich, „ich bin kein Doktor". Er ging schnell ins Haus, und ich nahm genauso schnell den Spaten, wischte vom Griff Spuren ab falls vorhanden, rannte weg und warf den Spaten in die Saale dort.

Dann verharrte ich still, das Martinshorn eines Krankenwagens näherte sich, wurde laut und lauter und verstummte. Ich wartete fast eine halbe Stunde, kein Martinshorn war zu hören, das den Abtransport ankündigte. War Jutta tot? War das Hündchen tot? Wurde das Hündchen lebendig begraben? War das Mädchen in der Kiste auch tot oder wurde es lebendig begraben? Es war ein Nonnenkloster früher! Wie war Juttas Mann gestorben? Davon hatte sie mir nichts erzählt am Mittag!

Alles war wie ein böser Traum. Mich schauderte erneut! Ich wollte gerade nach Hause gehen da es dämmerte, heimlich durch den Wald. Da vernahm ich eine Polizeisirene und dann noch eine zweite. Die Signale kamen eindeutig vom Kloster. Am nächsten Tag kam in den Regionalnachrichten der Zeitung folgender Beitrag auf dem Polizeifahrzeuge und ein Leichenwagen auf dem Klostergelände gezeigt wurden und eine Stellungnahme des Polizeisprechers: Auf dem Klostergelände hat man auf dem Gras die Leiche einer älteren Frau gefunden. Vermutlich hat diese einen Herzschlag erlitten. Ein unbekannter Passant sah die Frau im Klostergarten umfallen und legte sie auf eine Decke. Er hat den Rettungsdienst rufen lassen, danach ist er weg gegangen. Nachforschungen über die Identität der Frau ergaben, sie war in jungen Jahren Nonne in diesem Kloster. Ein älterer Mann, früher Gärtner dort, lebt heute noch in einer Wohnung des umgebauten Klosters. Er konnte der Polizei diesen Hinweis geben, da er das Gesicht der älteren Frau erkannt hat. Er glaubt, es einer damals jungen Nonne, zuordnen zu können. Diese Nonne sei aber aus dem Kloster ausgetreten, ins Berufsleben einer Angestellten zurückgekehrt. Sie habe eine Verbindung zunächst mit einem Ausländer eingegangen, aus der eine Tochter resultierte. Sie habe dann einen reichen ausländischen Arzt geheiratet, der aber dann kurzfristig auf dubiose Art verstorben sei. Die Identität der Toten ist eindeutig abgeklärt, eine Frau J.L. Beim Abtransport der Toten habe man unter der Decke, auf der sie lag, festgestellt, dass die Grasnarbe beschädigt war. Im Boden darunter wurde die gut erhaltene Leiche eines weiblichen Kindes in einem Holzkasten gefunden, Alter ca. 3-4 Jahre. Man geht davon aus, es habe dort ca. 30-40 Jahre gelegen. Wegen des Lehmbodens und der nahen Saale war der Zustand noch gut erhalten. Der alte Mann, der frühere Gärtner im Kloster war, konnte der Polizei noch einen weiteren Hinweis geben zur damaligen Zeit. Eine Nonne habe ein Kind geboren im Kloster, und die damalige Oberin, Schwester Firma, tot seit 20 Jahren, habe dieses gewusst. Der Vater sei der damalige katholische Pfarrer Claus, ebenfalls tot seit 20 Jahren, wahrscheinlich gewesen. In dem gut erhaltenen Grab des Mädchens habe man ein totes weißes Hündchen in einer Pappschachtel gefunden, welches die verstorbene Frau gestern dort begraben habe. Eindeutig wurden ihre Fingerabdrücke an der Pappschachtel gefunden, aber nicht an einem Spaten in der nahen Saale. Die Polizei konnte nachweisen, dass die Frau mit dem Spaten das Grab des Mädchens geöffnet habe, das Hündchen dazu gelegt habe, das Grab wieder verschlossen habe. Den Spaten hat sie in die naheliegende Saale geworfen. Fingerabdrücke an diesem habe sie entfernt. Zurückgekehrt in den Klostergarten habe sie infolge der Anstrengung einen Herzschlag erlitten, den ein vorübergehender Passant mitbekommen habe, und die Frau auf die Decke legte. Der alte Mann, der frühere Gärtner, habe den Krankenwagen gerufen, und die Sanitäter die Polizei, da unter der Decke die Grasnarbe beschädigt war. Derzeit sind die Frau, das

Mädchen und der Hund in der Gerichtsmedizin. Es wurde von der Staatsanwaltschaft die Obduktion der Leichen angeordnet, sowie ein Gentest, um eindeutig zu klären, ob es sich um deren tote Tochter handelt. Der alte Gärtner hat ebenfalls zum Gentest eingewilligt. Inwieweit die Leiche des toten katholischen Pfarrers Claus zum Gentest herangezogen wird, ist derzeit noch offen. Der zuständige Bischof der Diözese will die Exhumierung des toten Pfarrers und den Gentest mit allen Mitteln verhindern. Damals hatten Priester öfters willige junge Nonnen geschwängert, wie bekannt ist. Auch anvertraute Jugendliche seien missbraucht worden. Warum die Tote das Grab mit dem Kind geöffnet habe, und das Hündchen dort bestatten wollte ist unklar. Möglicherweise spielen hier sentimentale Erinnerungen eine Rolle. Fremdverschulden für den Tod der Frau scheidet mit Sicherheit aus.

Wer ist Paul von Leiselheim?

„Paul von Leiselheim" hat natürlich einen bürgerlichen Namen, will aber unerkannt bleiben, daher der „alias Name" seines Geburtsortes. An einer deutschen Universität erhielt er den „echten" Doktortitel. Er publizierte bereits während des Studiums und später in verschiedenen fachspezifischen und sozialkritischen Schriften. Im Rentenalter zog er nach Bad Kissingen, der deutschen Kurstadt mit Geschichte, Flair und Kultur. Er begann eine „besondere Art" von Kurzgeschichten und Kurzromanen zu schreiben, teils mit Psycho-Krimi Hintergrund. Er will Menschen erfreuen, sie zum Lachen bringen, sie anregen sich zu entspannen, um Muse zu haben zum Lesen, verbunden mit der Kur. Er beobachtet in Begegnungen mit Kurgästen und Einheimischen deren Verhalten, das er mit Ironie und Spitzfindigkeit beschreibt. Ironie ist die Fähigkeit, das Verhalten anderer positiv zu sehen, auch wenn deren Eigenschaften negativ sind. Diese können, falls gewillt, dann Rückschlüsse auf das eigene Verhalten ziehen. „Gebt dem Volk Brot und Spiele", sagte in unserer Zeit ein Politiker. Warum wollen Menschen Unterhaltung, Reisen, Sport und Feste feiern? Sie müssen im schnöden Einerlei des Lebens Abwechslung und Stimulation für die Sinne erhalten, denn der eintönige Trott im Alltag unserer Zeit, macht sie kaputt. Warum schreiben Politiker Bücher und Memoiren, die höchstens von Ihresgleichen oder „Super- Intellektuellen" gelesen werden? Sie wollen damit nachträglich eine Selbstbestätigung für ihr falsches oder auch richtiges Handeln, was ihnen im Laufe der Karriere *versagt blieb. Sie versuchen, ihr verlorenes Selbstvertrauen von einst durch Schreiben zurück zu erhalten, denn zu sagen haben sie nichts mehr. Was für Kerle waren sie doch, welche guten Gesetze haben sie für die Wähler erlassen. Wie wurden sie vom Volk geliebt und vergöttert! Ehrlich, wer liest deren Bücher, vielleicht spätere Historiker als Grundlage für Promotionen! Wer schreibt, der bleibt. „Paul von Leiselheim´s" Werke grenzen sich davon sehr bewusst ab. Durch seinen ironischen Stil, den jeder versteht, bringt er Menschen zum Schmunzeln, Lachen und Nach-denken.*

B.K. eine ungenannt bleibende Partnerin und Literaturkritikerin verfasste dieses curriculum vitae

Weitere Bücher erscheinen demnächst oder sind es bereits:

Erlebnisse als Kurgast in Bad Kissingen Teil 1 (und überarbeitete 2. Auflage)
Erlebnisse aus Bad Kissingen Teil 2 (Fortsetzung von Teil 1)

Neue Erlebnisse aus Bad Kissingen, (Fortsetzung von Teil 2)
Mein Leben und Umgang mit einer christlichen Partei,
Krimis im Sechserpack aus der Kurstadt Bad Kissingen,
Meine Erlebnisse mit Prinzessin Elke von Münchhausen,
Das unheimliche Weiße Haus am See,
Die Spaziergängerin von Bad Kissingen,
Praktiken der Pharmaindustrie

Bildnachweise bei Cover und den Kapiteln fotolia, pixabay, pexels, zur freien Nutzung sowie eigene Aufnahmen